FRANCE

ET

ALLEMAGNE

PAR

EDGAR QUINET

PARIS
LIBRAIRIE INTERNATIONALE
15, BOULEVARD MONTMARTRE

A. LACROIX, VERBOECKHOVEN ET Cie, ÉDITEURS
A Bruxelles, à Leipzig et à Livourne

1867

FRANCE ET ALLEMAGNE

I

POINT DE VUE DE L'ALLEMAGNE

Il faut renoncer pour toujours à écrire sur les affaires publiques, ou dire aujourd'hui sa pensée sur les événements d'Allemagne, car ils dominent de haut tout ce qui s'est fait de nos temps, et jamais rien ne se passera de plus grave pour nous.

Je voudrais chercher ici impartialement les conséquences enveloppées de ces événements, au point de vue de l'Allemagne et de la France.

Il n'est pas trop tard pour parler encore de ce qui est non pas une crise, mais un état nouveau du monde. Je resterai en dehors de toute passion et de tout esprit de parti. Mais, dans des circonstances peut-être décisives, je regarde comme un devoir de ne pas demeurer étranger à des affaires que je n'ai cessé de suivre de près depuis 1831 ; et je dois avant tout montrer comment j'y suis forcément ramené par le jugement anticipé que j'en portai, il y a trente-cinq ans, dans les termes suivants (1) :

« C'est en Prusse que l'ancienne impartialité et le cosmopolitisme politique ont fait place à une nationalité irritable et colère. C'est là que le parti populaire a fait d'abord sa paix avec le pouvoir. En effet, ce gouvernement donne aujourd'hui à l'Allemagne ce dont elle est le plus avide : l'action, la vie réelle, l'initiative sociale. Il satisfait son engouement subit pour la puissance et la force matérielle.

« Le despotisme prussien est intelligent, remuant, entreprenant; il ne lui manque qu'un homme qui regarde et connaisse son étoile en plein jour; il vit de science autant qu'un autre d'ignorance. Entre le peuple et lui, il y a une intelligence secrète pour ajourner la liberté et accroître en commun la fortune de Frédéric. Outre cela, un avantage incontestable, et qui rachète mille défauts, le despotisme prussien a le privilége de tenir dans sa main l'humiliation de la France et de lui rendre le long affront du traité de Westphalie; car il sait que c'est lui qui a brisé à Waterloo l'aile de la fortune de la France.

« L'unité, voilà la pensée profonde, continue, nécessaire qui travaille ce pays et le pénètre en tous sens. Religion, droit, commerce, liberté, despotisme, tout ce qui vit de l'autre côté du Rhin pousse à ce dénoûment.

« Quelle est la pensée vivante qui est à cette heure sous chaque toit? Cette pensée est l'unité du territoire de la patrie allemande; ce cri est l'abolition des frontières artificielles, le renversement des limites arbitraires, derrière lesquelles ils sont parqués eux et leurs produits, sans lien, sans industrie possible.

(1) Extraits d'*Allemagne et Italie*, Œuvres complètes, t. VI, p. 142 à 158.

« Déjà l'une des assemblées politiques a voté un contrat dont la conséquence immédiate est de conférer à la Prusse le protectorat matériel de tout le reste des nations germaniques.

« Cette unité n'est point un accord de passions que le temps détruit chaque jour; c'est le développement nécessaire de la civilisation du Nord.

« Et nous, qui sommes si bien faits pour savoir quelle puissance appartient aux idées, nous nous endormions en pensant que jamais elles n'auraient l'ambition de passer des consciences dans les volontés, des volontés dans les actions, et de convoiter la puissance sociale et la force politique.

« Voilà cependant que ces idées, qui devaient rester incorporelles, se soulèvent en face de nous comme le génie même d'une race d'hommes; et cette race elle-même se range sous la dictature d'un peuple, non pas plus éclairé qu'elle, mais plus avide, plus ardent, plus exigeant, plus dressé aux affaires. Elle le charge de son ambition, de ses rancunes, de ses rapines, de ses ruses, de sa diplomatie, de ses violences, de sa gloire, de sa force au dehors. C'est donc de la Prusse que le Nord est occupé à cette heure à faire son instrument?

« Oui, et si on le laissait faire, il la pousserait lentement et par derrière au meurtre du vieux royaume de France.

« Le monde germanique n'attend plus qu'une occasion. Or, encore une fois, quelle est la nation placée par l'Allemagne pour épier et chercher cette occasion? C'est celle qui porte à sa ceinture les clefs de notre territoire, et qui garde dans sa geôle la fortune de la France. »

Voilà ce que j'écrivais en octobre 1831. Ces paroles se sont si bien réalisées, que l'on pourrait croire qu'elles ont été écrites hier. Comment a-t-il été possible de marquer ainsi trente-cinq ans à l'avance ce qui s'accomplit de nos jours et sous nos yeux? L'empire allemand qui se dresse devant nous était-il visible en 1831? S'annonçait-il dans les cours, dans les chancelleries ou dans la presse? Non, assurément. Mais si les documents politiques se taisaient, il y avait des signes dans le fond des choses. C'était comme une rumeur à voix basse qui partait on ne sait d'où. Elle n'avait ni forme ni consistance. C'étaient des conversations rares, des paroles interrompues, des enthousiasmes subits qui jaillissaient et disparaissaient comme l'éclair.

On pouvait les résumer dans ce mot : la grandeur de l'Allemagne.

Tels furent les documents qui s'offrirent à moi (car je n'en eus pas d'autres) pour calculer l'avénement de la race allemande; documents qui, sans doute, eussent semblé méprisables aux diplomates de ce temps-là, et qui se sont trouvés plus féconds en vérités que tous les rapports des chancelleries.

Il m'est nécessaire de rappeler ce souvenir et de constater combien l'événement a répondu exactement à l'idée que je m'en formai d'avance. Car c'est là mon point de départ et ma raison pour juger des choses actuelles. Lorsque, dans les sciences naturelles, un naturaliste voit sa théorie confirmée plus tard par un fait, tout le monde trouve à propos qu'il le déclare. C'est ainsi que l'expérience vient au secours des idées.

Pourquoi n'en serait-il pas de même dans la politique? Pourquoi un homme ne pourrait-il pas dire : « L'expérience et les événements ont confirmé les vues, les idées que j'ai exprimées il y a plus d'un tiers de siècle? » Cela est d'autant plus nécessaire, que c'est la seule réponse à ceux qui accusent la philosophie politique d'être de trop dans le monde. Quand elle a vu juste et de loin, pourquoi ne pas le dire? Ce serait se trahir soi-même. Assez de gens sont intéressés à laisser croire qu'il n'y a de bon conseiller que le hasard.

En vertu des mêmes idées que tout a confirmé, je suis tenté de regarder au delà du présent; et je demande d'abord ce que deviendra cette puissance nouvelle, qui, surgie d'hier, occupe déjà tous les esprits.

Avant tout, tenons pour certain que cette formation de l'unité germanique ne peut plus être empêchée par qui que ce soit au monde. La voilà lancée avec la force de projection d'un boulet de canon. Elle ne se laissera arrêter ni par des articles de journaux ni par des notes diplomatiques. Son seul embarras était de trouver l'occasion de naître. Cette occasion lui a été donnée. Il ne s'agit plus désormais pour elle que de grandir encore. Cette difficulté n'est rien en comparaison de la première.

Vous demandez pourquoi cette unité formidable, préparée, annoncée de si loin, a été si lente à se produire. Qui empêchait la Prusse d'aller plus tôt au devant de la fortune? Je réponds : Ce qui a retenu longtemps le gouvernement prussien, ce qui lui ôtait l'envie de brusquer la fortune, c'était la crainte de rencontrer quelque part la liberté et la Révolution. L'affaiblissement des consciences semblait n'être un souci que pour le philosophe. Dans la réalité, ce vide moral, agrandi de jour en jour, était fait pour donner carrière aux grandes ambitions.

Le gouvernement prussien a eu le mérite et la sagacité de comprendre que cette déroute des esprits en Europe avait entraîné une diminution de l'intelligence; que c'était là un moment précieux; qu'il s'agissait d'en profiter; que les esprits étaient au premier occupant; qu'un jour de succès déciderait de tout; que les plus hostiles deviendraient les plus complaisants dès qu'ils auraient senti le fer.

Il a marché, il a vaincu. Les âmes se sont aussitôt courbées. L'unité de l'Allemagne, qui n'avait pu se former dans la justice et dans le droit, est née d'une guerre abhorrée, puis applaudie dès qu'elle a réussi.

Vous vous étonnez que la démocratie allemande se réconcilie si vite avec qui la foule aux pieds. Mais est-ce là un trait particulier à l'Allemagne? C'est bien plutôt un des caractères généraux de notre temps. Les peuples, après tant de défaites, ont gardé un sentiment profond de leur faiblesse. Surpris d'une si miraculeuse impuissance, ils acceptent de tomber en tutelle. Peut-être au fond de cette abdication gardent-ils l'espoir de se servir de leurs maîtres. Le cheval prie l'homme de se mettre sur son dos, espérant atteindre ainsi je ne sais quelle proie au bout de la carrière. Il compte alors se débarrasser du frein et du cavalier. Ce marché-là date du commencement du monde. Je ne sais ce qu'en pense aujourd'hui, à travers ses hennissements, la bête de somme.

Quoi qu'il en soit, l'empire allemand est fait. Quel sera l'avenir de cet empire si longtemps ajourné, enfin acclamé dès qu'il s'est imposé? Je croirais volontiers qu'en beaucoup de choses, il ira contre le but de ses auteurs.

Ils ont cru servir les intérêts d'une aristocratie féodale. Ne soyez point surpris s'il arrive le contraire. Aucune nationalité ne s'est développée sans que l'industrie n'ait grandi avec elle; et l'industrie, en croissant, a pour premier effet de limiter ou d'abaisser l'aristocratie.

L'Allemagne n'échappera pas à cette règle qui est jusqu'ici sans exception. Les parties éparses du grand tout teutonique se rapprochent et se fondent; la richesse générale augmentera; la puissance héréditaire des grandes familles en sera diminuée. Le parti féodal se sera blessé par ses armes.

Quel peut être, d'ailleurs, le caractère d'un despotisme prussien imposé à la race allemande? Je serais bien étonné s'il parvenait à extirper de cette race les besoins de l'esprit, et s'il réussissait à l'empêcher de penser.

Il est vrai que l'Allemagne se donne, dès les premiers pas, un grand démenti. Kant lui avait appris à chercher la liberté et la prospérité dans une fédération d'États sur laquelle il revenait sans cesse. Cette vue du penseur allemand est renversée par ce qui vient d'arriver en Allemagne; de même que les plans de liberté formés par les sages de la Révolution française ont échoué en France : des deux côtés, même démenti donné aux espérances et aux prévisions des meilleurs.

Est-ce donc que l'avenir doit infailliblement renier ceux dont le passé s'honore le plus? Non, sans doute. Mais le monde, qui n'a pu atteindre le but par la voie droite, y revient par des détours frauduleux, dont la raison se scandalise. Kant et Mirabeau ne tenaient pas assez compte de ce qui reste chez nous du vieil homme servile.

L'Allemagne n'a pu atteindre à la patrie allemande en passant par la justice et par la liberté. Elle y arrive par le chemin de l'injustice et de l'arbitraire. Par là, elle montre à son tour, quoi que nous en disions, combien notre Europe est encore barbare.

Au reste, les Allemands sacrifient en ce moment la liberté, non pas seulement au bien-être, au lucre, mais à l'idée de la grandeur nationale; cela seul pourrait leur donner avec le temps une supériorité décidée sur ceux qui feraient le contraire.

Convaincus, d'ailleurs, qu'ils ont conquis le gouvernement des esprits en Europe, ils tiennent pour certain depuis longtemps que tout émane d'eux, science, poésie, art, philosophie; que le monde est devenu leur disciple. A cette souveraineté intellectuelle qu'ils s'imaginent posséder, que manquait-il encore? La force. Ils viennent de s'en emparer. A leurs yeux, ce n'est pas seulemen un empire de plus dans le monde; c'est la subs
l'ère germanique à l'ère des peuples latins et
relégués désormais sur un plan inférieur.

Cet empire, en effet, est protestant. C'est assez dire qu'il ne peut recommencer le passé sous la forme de l'arbitraire des États catholiques. Par exemple, il ne peut graviter autour de la papauté ni la refaire de ses mains. Combien de libertés ne sera-t-il pas obligé de laisser vivre : liberté de conscience, liberté de penser, c'est-à-dire toutes celles dont s'honore le plus l'homme moderne. Le droit divin ne sera qu'une prétention chez les protestants. Il ne peut y être un principe. Voilà les raisons dont se bercent les libéraux, les démocrates allemands. Cela explique pourquoi ils acceptent si aisément leurs défaites.

Combien de fois l'avénement de cet empire n'avait-il pas été appelé depuis 1813, par les écrivains et les penseurs nationaux, comme une éternelle représaille contre l'empire de Napoléon! C'est depuis ce temps que les vues humaines, équitables de Kant ont été abandonnées pour l'hégémonie de la Prusse, ou plutôt pour l'ambition de la force. Il est presque exact de dire que tous les poëtes allemands ont évoqué le pouvoir colossal de l'unité germanique, et qu'ils ont tout sacrifié de loin à cette idole. Obscur sur le reste, Hegel était clair lorsqu'il parlait de cet État prussien, le modèle et le résumé de la civilisation moderne. Cette philosophie de glace s'échauffe lorsqu'elle touche à ce sujet.

Que conclurons-nous de là? Que le pouvoir nouveau n'aura point à faire la guerre à la pensée humaine, sous le nom d'idéologie; et, puisque les générations contemporaines font si bon marché d'elles-mêmes, il peut arriver qu'elles seules soient sacrifiées, et que l'avenir de la civilisation réduite à l'idée de force ne soit pas annulé par leur chute. Il leur plaît de n'être rien pour sauver l'orgueil du grand tout. Ne disputons pas sur ce point avec elles. Ce vœu-là semble bien près de s'accomplir.

Ajoutons que le machiavélisme allemand ne semble pas

fait pour durer. Ces deux mots, si bien unis aujourd'hui, se contredisent ; il y a entre eux l'épaisseur des Alpes.

La grande question est de savoir si le mouvement d'idées produit par la race allemande, et qui se résume dans ce mot : grandeur spirituelle, sera extirpé par le despotisme politique; si cette nation sera poussée par la violence à des plagiats stériles, si elle oubliera et reniera en un jour ce qui a fait jusqu'ici sa gloire; ou si la vie morale déposée dans ses poëmes et ses philosophies ne passera pas en partie dans son avenir politique.

On peut croire à cette dernière hypothèse. Une si grande littérature n'aura pas existé inutilement, pour ne laisser aucune trace dans la conscience générale.

En ce cas, l'Allemagne aurait gagné une marche sur la France pendant son sommeil. La civilisation changerait d'axe. Le mouvement social, commencé au nom de Montesquieu, de Voltaire et de Rousseau, se continuerait au nom de Kant, de Gœthe et de Schiller.

Considération bien grave, que je soumets aux Allemands. Jusqu'à cette heure, le despotisme prussien a été violent, inique; mais il n'a pas pris la peine d'être faux. Il s'est servi d'armes ouvertes : l'audace, la témérité, le défi; il ne les a pas empoisonnées par le mensonge : or, c'est le mensonge seul qui corrompt l'avenir. Jusqu'ici le principe du droit, celui de la vie morale peut donc encore être restauré et sauvé.

Mais prenez garde à ceci : le moment décisif n'est pas encore venu. C'est celui où le despotisme aurait besoin de se déguiser, de changer de nom, de langage, de prendre le masque de la liberté et de la démocratie. A ce moment, tout menace de se fausser, de se dénaturer.

Que feront alors les Allemands? Ce sera l'heure des embûches. Veulent-ils y tomber? Quand le despotisme se masquera de démocratie, la démocratie, toujours complaisante, épousera-t-elle le despotisme pour se donner un soutien?

Si jamais pareilles épousailles se font, dites pour toujours adieu à ce que vous avez connu de la vie allemande: probité de l'intelligence, pénétration, grandeur de l'esprit, génie, gloire. Tout disparaîtra, tout se noiera dans la confusion du bien et du mal, du juste et de l'injuste, du vrai et du faux. Qui peut se figurer un byzantinisme allemand? Le mélange des vices du Midi et des vices du Nord, c'est trop à la fois. Machiavel réfuté par Frédéric et réalisé par le Tugendbund, par la Société de la Vertu! De grâce, pour vous, mille fois plus encore que pour nous, épargnez au monde cet avenir.

Quel changement amènera dans le monde l'élévation de la patrie allemande? Difficilement l'esprit militaire réussira à tout absorber en pays germanique, comme cela arrive si aisément dans les races latines. La rapidité même de la victoire de Sadowa empêchera qu'il se forme des légendes et des idolâtries au profit du vainqueur. Le coup a été si foudroyant, qu'il a ôté aux individus le temps de s'immortaliser dans les imaginations populaires.

D'ailleurs, chez les Allemands, la gloire militaire ne dégénère pas en superstition parce qu'elle est dominée par la gloire des réformateurs, des poëtes et des artistes. Luther, Gœthe, Schiller, Beethoven passeront toujours avant Blücher. L'éblouissement de l'uniforme, qui fascine d'autres peuples, n'est pas la principale magie de l'autre côté du Rhin. Je peux donc concevoir un empire fondé par le fusil à aiguille, et qui pourtant serait incapable de tout absorber dans le militarisme. Il resterait en dépit de lui d'autres forces que l'épée.

Une chose plus difficile à calculer est ce que deviendra l'immense orgueil teutonique se donnant carrière et croyant voir à ses pieds, du haut de ses victoires nouvelles, les nations latines comme autant de nains au pied d'un château-fort. Je craindrais pour ce grand corps l'infatuation. Où ne pourrait-elle pas le conduire? Quand il touchera à la fois la Baltique et le Danube, quelles pensées, quelles ambitions ne s'éveilleront pas dans le géant?

Comment échappera-t-il à l'aveuglement? Si puissant et si neuf, quelle tentation de se mesurer à son tour avec le monde, et, pour sortir du rêve, de palper des royaumes? Avec un front de fer, du Holstein au Tyrol, il est malaisé de n'avoir que des pensées modestes et de renoncer à étendre le bras par delà le Rhin.

Lors même que la modération l'emportera, qui voudrait y croire? Combien de fois la France ne se réveillera-t-elle pas en sursaut, croyant entendre les pas de son gigantesque voisin? Ou bien, si elle s'endort sans précaution, ce sera le signe d'une mortelle apathie... et quelle tentation pour le monde allemand d'en profiter! Ainsi, dans tous les cas, le péril est le même pour nous. Qu'il soit dans les imaginations ou dans la réalité, peu importe! le présent semble avoir légué d'immanquables tempêtes à l'avenir.

II

POINT DE VUE DE LA FRANCE

J'ai montré le point de vue de l'Allemagne; parlons de celui de la France.

Ici, le plus extraordinaire n'est pas l'événement en lui-même, malgré ses conséquences. Qu'une race d'hommes jusque-là partagée se rapproche et s'unisse en une seule masse : le fait est frappant, il est grand, il est plein de menaces pour les uns, d'espérance pour les autres. Mais il n'est pas sans précédent et sans analogie dans le passé : où donc est le motif de s'étonner? Le voici.

C'est, en effet, je crois une chose sans exemple que l'avénement de toute une race d'hommes se soit consommé sans que le peuple le plus voisin, le plus intéressé à connaître le premier ces changements, ait été averti par aucune voix. Jusqu'ici, lorsque de grandes masses d'hommes se concentraient tout à coup en un seul corps, il était toujours arrivé que l'État le plus voisin en était instruit de loin et à l'avance; que le pressentiment populaire, la diplomatie, la passion et la raison politique s'unissaient pour prévoir, pénétrer, révéler, signaler une aussi grande métamorphose; dès lors, le danger était aussitôt évité qu'aperçu. Un royaume, un empire, celui d'une race d'hommes, ne venait pas subitement au monde sans que son apparition fût annoncée à l'État le plus proche par ses hommes politiques, par l'émotion de l'esprit public, par les yeux toujours ouverts de la presse, ou par le grand cri de la tribune. Alors, quand le fait était consommé, les précautions étaient prises; ou, si l'on voulait le tenir pour irrévocable, on s'épargnait au moins la stupeur.

Ici, au contraire, n'est-il pas vrai que toutes les règles de la sagesse ordinaire ont été déjouées? N'est-il pas vrai qu'un fait aussi énorme que l'Allemagne unifiée s'est dégagé de la poussière de Sadowa, sans que la France ait été avertie? N'est-il pas vrai que cette unité germanique, si visible depuis longtemps, s'est dressée à nos yeux, du soir au lendemain, sans qu'une seule sentinelle ait crié : Qui vive?

Or, je dis que c'est là ce dont il faut nous étonner; car rien de pareil ne s'est vu jusqu'à nos jours.

Avoir sous ses yeux, à sa porte, une race humaine qui se groupe en faisceau, et n'en rien soupçonner! Mieux que cela, prendre cette formation militaire de quarante millions d'hommes pour une forêt qui marche, destinée à vous abriter du vent du Nord, ou pour un troupeau d'agneaux; le dire, le répéter, le publier chaque matin, jusqu'à ce que le troupeau bêlant se change en une armée de neuf cent mille soldats postés sur vos flancs, adossés à la Russie; et la France, à son réveil, qui en croit à peine ses yeux!

De quel nom appeler ce prodigieux sommeil? Car c'est un sommeil, et non pas une connivence, comme quelques-uns ont pu le croire.

Il y a pourtant quelque chose de pire que le sommeil : c'est l'égarement. Se figurer, par exemple, que les Prussiens se sont donné la peine de vaincre à Sadowa pour nous protéger sur le Rhin; et contre qui? contre les Mongols? Voilà, je pense, le dernier degré du vertige. Qu'avons-nous fait au monde pour être frappés d'une pareille cécité de cœur et d'esprit? Ne jouons pas, je vous prie, avec nous-mêmes. Non, l'Allemagne ne se constitue pas pour nous. Non, elle ne se tourne pas contre la Russie. Et pourquoi? Par une raison très-simple.

Quand un homme a reçu une blessure profonde sur une partie du corps, il croit naturellement que c'est de ce côté qu'il va être assailli de nouveau. On ne voit le péril que du côté où on l'a déjà éprouvé une fois. Au contraire, on ne le redoute pas là où il ne s'est jamais fait sentir. Or, la Russie étant l'alliée de l'Allemagne depuis plus d'un siècle, ayant mêlé son sang au sang allemand dans les grandes guerres dont le souvenir domine tout, la Russie, dis-je, ne paraît pas un danger aux yeux des Allemands. Où voient-ils donc le côté menaçant pour eux? Ne vous y trompez pas : ils le voient toujours là où ils se souviennent d'avoir été frappés au cœur. Et quelle nation leur a porté le coup? quelle nation les a conquis et les a tenus sous le joug? La France de 1806 à 1813. Aussi est-ce toujours contre la France qu'ils s'arment et se mettent en défense, même quand ils n'en ont aucun sujet. Cette observation est capitale pour nous. Il ne nous est pas permis de nous abuser un instant sur ce point. Toute idée fausse à cet égard nous est, non pas nuisible, mais mortelle. Avez-vous oublié que la Russie était avec la Prusse et la grande Allemagne à Leipzig? Voilà, sans parler des intérêts communs, le lien sacré entre eux. Ne croyez pas qu'un lien pareil se brise en un jour.

Se persuader qu'un semblable passé qui, à leurs yeux, est d'hier, n'exerce plus aucun empire; que la grande Allemagne se fait contre le czar, à notre profit, pour nous garantir sur le Rhin; non, vous ne l'admettrez pas un seul instant. Si une pareille pensée, sophistique, contraire à l'évidence, maladive, néfaste, se produisait avec autorité, si elle gagnait les intelligences, si elle entrait jamais dans l'esprit des Français, oh! alors, je le dis avec la conscience d'un homme qui jusqu'ici n'a été trompé dans aucun de ses pressentiments, malheur à nous! Cette idée monstrueuse serait un de ces aveuglements avant-coureurs qui précèdent la chute, non pas seulement des rois, mais des peuples.

C'est bien assez d'avoir été surpris par l'événement, n'y ajoutons pas le sophisme. Un aveuglement si absolu jusqu'à la dernière heure, une méprise si miraculeuse, suffisent pour étonner et affliger à la fois. Car cela prouve que l'esprit a perdu sa vigueur; que les vues se sont obscurcies; que les fausses habiletés ont étouffé la vraie, celle qui sauve et qui grandit les peuples. Et le remède, direz-vous? Avant tout, il faut sortir de notre léthargie. Autrement, il est certain que, si nous échappons à ce danger, ce sera pour tomber dans un autre.

Nous unirons-nous à l'Autriche? Ce serait épouser la défaite méritée. Irons-nous, comme quelques-uns nous le conseillent, nous ruer sur la Suisse, sur la Belgique, c'est-à-dire sur les petits peuples désarmés qui nous entourent, et prendre sur eux notre revanche du tort que les puissants nous ont fait? Quelles généreuses compensations! Quel beau couronnement à nos idées de justice! Ce serait là sans doute notre nouveau 89. Mais ces petits peuples répugnent à une communauté d'avenir avec nous. Ils se sont fait une vie propre, nationale, distincte de la nôtre. Nous ne les attacherions que morts à notre unité. Où est l'avantage pour nous de nous donner, par la force, des membres morts?

Considérez que le changement qui s'accomplit de l'autre côté du Rhin ne consiste pas dans l'acquisition de terres nouvelles, il consiste principalement dans l'essor de l'esprit national, dans la création subite d'un nouvel être moral, la patrie allemande. Ceux qui ont été vaincus se disent, qu'après tout, ils l'ont été par des compatriotes; les blessures reçues portent ainsi leur guérison avec elles-mêmes.

Il ne s'agit pas de conquêtes purement matérielles, comme dans les temps ordinaires. Mais les membres épars d'un même corps se réunissent et s'animent d'une même vie. Il en résulte une force immense, et cette force se développe chez des peuples dont il est aisé d'exciter les ressentiments contre nous. La balance de la civilisation oscille en ce moment, ou plutôt elle penche brusquement du côté de l'Allemagne.

Que mettrons-nous dans l'autre bassin pour rétablir au moins l'équilibre? L'épée de Brennus ne suffirait plus. Quelques enclaves de la rive gauche du Rhin? Saarbruk ou Luxembourg? Il a suffi de prononcer quelques noms de villages pour éveiller un long cri du Rhin à l'Elbe. D'ailleurs, encore une fois, l'Allemagne grandit en ce moment par une idée commune à tous les Allemands, convoitée depuis le commencement de ce siècle, poursuivie sous les formes les plus opposées, enfin obtenue et réalisée, ou près de l'être : la Patrie, l'Unité, la Nationalité. Il s'agit de faire contre-poids à une pensée par une autre pensée, également ajournée, toujours convoitée, toujours reprise, et qui soit pour la France ce que l'unité est pour l'Allemagne. Dites si vous en voyez une autre que la liberté perdue et recouvrée. Pour moi, je n'en vois pas qui puisse peser encore autant qu'un monde.

Vous demandez toujours de quoi il est question. La chose est bien aisée à dire. Il s'agit de l'avénement d'un monde qui vient de se révéler, et qui a la ferme intention de vous subordonner en tout.

Il est vrai que les libéraux prussiens vous assurent du contraire, et je crois volontiers à leur sincérité. Ils vous affirment que ce grand mouvement d'hommes sur le Rhin et au delà se fait tout à votre avantage; que c'est pour protéger votre sommeil qu'un million de soldats allemands sont debouts ou prêts à se lever, à votre seuil, sur le pied de paix. Ces mêmes libéraux vous invitent à dormir. Ils vous répondent de l'événement ; ils vous garantissent l'avenir, comme si du moins le présent leur appartenait. Je consentirais à accepter leur garantie s'ils étaient les maîtres. Mais le sont-ils? Ont-ils fait les événements? Non, ils y étaient opposés. Ont-ils dirigé les armées? Ils protestaient contre la guerre. Disposent-ils des volontés? Ils ont obéi à celles d'autrui. Tout s'est fait sans eux, malgré eux. Qui vous dit qu'il n'en sera pas de même demain ou après-demain? Singulière garantie que celle d'hommes qui ont été eux-mêmes dominés, maîtrisés, emportés par les entreprises de leurs adversaires. Ils se sont mis en tutelle, et ils vous assurent de leur toute-puissance. Ils se sont convertis au plus fort, et ils vous promettent leur faveur auprès de la fatalité à laquelle ils se résignent. Mais si cette même fatalité voulait un jour votre déclin, rien n'empêche qu'ils ne s'y résignent avec plus de philosophie et de patience encore.

Avouons que tout se contredit de tous côtés, entre les paroles et les actes, comme si les événements échappaient à leurs auteurs. Le droit a disparu, chacun s'arme en toute hâte contre le hasard. L'Allemagne unie ne parle que de paix, et elle se hérisse de soldats. Nous ne parlons que de confiance, et nous doublons notre armée.

Nous n'avions que quatre cent mille hommes, il nous en faut au moins un million. Notre tranquillité est si complète que nous nous ingénions à découvrir un nouvel armement. Il nous faut pour exprimer avec effusion notre satisfaction secrète un ban et un arrière-ban ; il faut changer les mœurs de la nation, au point de la mettre tout entière sous le drapeau. Car nous venons de nous apercevoir, pour la première fois, que les armées permanentes, legs de l'ancien régime, ont un grand défaut, qui est de ne pas suffire, dans les moments critiques, à la défense du territoire. Ce que nous n'avions pas vu dans les temps ordinaires, l'excès de sécurité nous le fait enfin comprendre. Nous entrons dans le système prussien, landwehr, milices, par amitié pour la Prusse. Elle s'est montrée l'État novateur vraiment moderne : nous nous convertissons au fusil à aiguille, à ses institutions militaires, pour lui faire plaisir.

Songez cependant que chaque institution porte le sceau de son origine. La landwehr prussienne est née, en 1813, de l'enthousiasme pour la délivrance de l'Allemagne. Ce baptême populaire a protégé l'institution et l'a fait passer dans les mœurs. En France, il ne peut en être ainsi. Comment remplacer l'élan spontané des masses qui a précédé la législation prussienne?

Là est la difficulté. Quel sceau, quel esprit donnerons-nous à la landwehr française? Chez nous, c'est la loi qui précédera les mœurs: c'est le gouvernement qui précédera le peuple. Cette seule différence d'origine peut aisément en amener de très-grandes dans l'esprit de l'institution, et la dénaturer. Par exemple, un danger est d'augmenter le militarisme, que la véritable landwehr a pour effet de contre-balancer par l'élément civil. Le système prussien suppose un esprit public très-vivant, un patriotisme qui poursuit un grand but. Mais enrégimenter toute une nation sans éveiller l'esprit public, ce serait faire exactement le contraire de la Prusse.

Que l'on se représente tout un peuple sous le drapeau sans qu'il sache pourquoi : la discipline et le silence des rangs deviendraient le fond de la vie ordinaire et civile. Au lieu de porter la cité dans l'armée, on porterait l'armée dans la cité. La patrie ne serait plus qu'une caserne.

L'institution se tournerait contre elle-même. Voilà l'écueil. Je ne puis que le signaler ici.

Sur ce principe, jugez le projet de loi. Aussi longtemps que la langue française conservera le sens accoutumé des mots, que peut être une *garde nationale* mobile? C'est un corps puisé dans l'élément civil, représentant l'élément civil, ou, plutôt, comme son nom l'indique « la vie nationale ».

Cela suppose un corps formé de tout le monde, principalement d'hommes nouveaux, jeunes dans la carrière militaire, étrangers à l'armée de ligne.

Maintenant, comment cette institution peut-elle devenir le contraire de ce qu'elle est par sa nature même? Le projet de loi en fournit le moyen. Supposez, avec ce projet, un corps composé, en *grande partie*, d'anciens soldats qui auraient fait leur temps dans la ligne, et dites-moi si un seul des caractères de l'institution serait maintenu. Ce ne serait pas le citoyen qui donnerait son esprit au corps nouveau, ce serait le vieux soldat. Au lieu d'une *garde nationale* mobile, vous auriez un corps de vétérans. Il serait juste au moins de lui donner ce nom. L'analogie d'un corps pareil ne serait ni avec la garde nationale mobile, ni avec la landwehr de 1813, ni avec aucune institution démocratique et moderne. Ce serait un retour aux vétérans de l'époque des Césars.

De tant de paroles qui réfutent les actions, et de tant d'actions qui réfutent les paroles, il y a une conclusion à tirer. Essayons de la mettre dans tout son jour. Nous avons été conduits aux extrémités où nous sommes par l'engourdissement de l'esprit public, par le défaut d'observation, par le silence de la presse, et par cette cause qui les enferme toutes : à savoir que l'intelligence politique a baissé dans les individus comme dans les masses.

La conséquence évidente est qu'il faut relever l'esprit public, réveiller l'intelligence, rouvrir les yeux et les oreilles, faire sentinelle, quand un monde nouveau, facilement hostile, nous environne, reprendre goût à la lumière, ôter la rouille à notre esprit, laisser les petites habiletés, revenir aux grandes : toutes choses qui ne se peuvent sans liberté. Car, si nous ne faisons rien de cela, il est bien hors de doute que les mêmes causes produiront les mêmes effets, et pis encore; qu'après avoir échappé à une première embûche, nous tomberons dans une seconde. Nous aurons beau avoir un million d'hommes sur pied; ils ne nous empêcheront pas d'être trompés par l'événement comme nous l'avons été. Ce ne sont pas les fusils à aiguille tout seuls qui verront clair à notre place et qui nous avertiront. C'est l'habitude de suivre les grandes affaires, c'est la raison publique plus exercée, c'est le patriotisme redevenu l'intérêt et la chose de chacun : voilà ce qui nous rendra le terrain perdu au Mexique et sur le Rhin.

Voyez donc l'exaltation de la race allemande, sa joie de saisir ses destinées. Il n'est ni femme ni enfant qui n'en soit possédé. Je veux bien qu'en cela tous obéissent à l'appel de la civilisation, à une mission de grandeur qui se révèle à eux par la victoire. Mais c'est à condition que nous serions pris nous-mêmes d'une émulation semblable, d'être et de rester un grand peuple. Qu'ils s'élèvent, c'est leur droit. Je ne le conteste pas. Mais leur élévation doit servir à la nôtre; car le dommage serait grand pour le monde, et le profit frauduleux, si l'Allemagne surgissait, et si la France baissait.

Non, une Allemagne nouvelle suppose une France nouvelle, je veux dire plus vivante, plus éclairée, plus ouverte aux idées et aux pressentiments. Concluons donc que la liberté n'est plus seulement pour nous un ornement de fantaisie ou, comme on le dit, un couronnement; elle est désormais la sentinelle, le refuge, le salut, la nécessité.

Suivez ici les événements, et voyez comme ils s'enchaînent et confirment tout ce qui précède. Au milieu de la campagne d'Italie, nous nous sommes arrêtés brusquement à Villafranca, sans vouloir achever la victoire. Pourquoi? Tout le monde en fut surpris. Nous laissons interrompue la grande œuvre de l'affranchissement de l'Italie des Alpes à l'Adriatique. Qu'arrive-t-il alors? Ce que l'on pouvait prévoir.

Un autre peuple nous succède. Une nation du Nord, la Prusse, nous remplace dans notre œuvre. Elle entre au vif, et pour la première fois, dans les affaires et l'alliance du midi de l'Europe, où nous devions dominer seuls. Elle se couvre du grand manteau de la nationalité italienne.

D'un seul coup, à Sadowa, elle fait trois choses : sa propre fortune d'abord, puis elle force l'Autriche de lâcher prise dans la Vénétie, et, par là, elle se donne l'immense avantage d'achever l'Italie, c'est-à-dire de moissonner ce que nous avions semé : chose impossible, si nous avions terminé nous-mêmes ce que nous avions commencé. Mais les entreprises qu'on laisse interrompues à moitié chemin se tournent toujours contre leurs auteurs. C'est ce qui nous est arrivé.

En aucun cas, nous n'aurions dû laisser à un autre peuple, moins encore à un peuple du Nord, d'une autre race, l'honneur et le soin d'achever l'Italie.

Car la reconnaissance ne s'attache qu'à ceux qui finissent les entreprises heureuses. Eux seuls en recueillent le fruit. Cet honneur de faire revivre l'Italie devait nous appartenir tout entier, à nous seuls, par la parenté de race et l'alliance naturelle. En le partageant, ou en le laissant échapper, nous avons fait deux choses. Premièrement, nous avons laissé le midi de l'Europe glisser de nos mains; secondement, nous avons donné à l'Allemagne absolutiste l'occasion de s'unir et de se former.

A quoi bon, dira quelqu'un, ces conseils? Que vous ont servi tant d'avertissements sur l'expédition romaine, sur l'expédition du Mexique, tant de paroles jetées au vent depuis un tiers de siècle sur l'ambition de la Prusse et de la race allemande? Cela a-t-il rien empêché? Il en sera de même aujourd'hui. Les peuples, comme les individus, ne veulent pas qu'on les avertisse trop tôt; il leur plaît de vivre au jour le jour. Malheur à qui leur montre d'avance le péril où il leur plaît de tomber!

Il est vrai, le silence me plairait davantage. Mais qui ne se sentirait troublé à la seule pensée d'un déclin, même passager, de la France? Qui pourrait y consentir?

J'ai encore ceci à ajouter :

Beaucoup de gens montrent à tout une résignation philosophique qui frappe les étrangers. Mais les vertus des philosophes ne conviennent guère à une nation. Il faut qu'elle ait des passions, au moins celle de l'avenir, sans quoi elle cesse bientôt d'avoir des idées.

En même temps que la population cesse de s'accroître, si la France laissait échapper la vie morale, que faudrait-il attendre? On verrait les esprits les plus violents, pris d'un engourdissement inexplicable, déclarer que les patries ne sont qu'un mot, et que le genre humain a seul le droit de les intéresser.

La démocratie française se ferait cosmopolite. Mais comme elle serait la seule qui se détacherait du sol natal, elle serait immanquablement dupe de toutes les autres, et principalement de la démocratie allemande qui, restée toute neuve, a conservé toutes les passions et toutes les ambitions à la fois, celles de classe et celles de race.

En dépit de nos fautes, l'action de la France se ferait sentir longtemps encore sur les nations latines, rapprochées de nous par la langue. Mais le moment viendrait où ces nations s'apercevraient que la civilisation a passé en d'autres mains. Elles se tourneraient vers l'astre nouveau; elles convergeraient vers la race qui se dirait notre héritière; et un déclin même passager de la France entraînerait la chute de toute la race latine.

Comme, dans le nouveau monde, la race germanique pèse sur l'Amérique du Sud, il en serait de même de l'ancien.

L'Angleterre et l'Allemagne unifiée pèseraient sur la France, l'Italie et l'Espagne, comme les Anglo-Saxons des États-Unis pèsent sur l'Amérique méridionale. Alors, il serait vrai de dire que le jour de la race germanique est arrivé.

III

POINT DE VUE DE L'EUROPE

Reste à marquer l'influence des derniers événements sur l'Europe et la société en général.

Rien de plus étrange et de plus instructif que le jugement que l'Europe en a porté, avant ou après la victoire. Jamais perturbation semblable des opinions. Tel était Autrichien le matin qui était Prussien le soir. On pourrait se donner le plaisir de ce complet désarroi de l'esprit européen. Ces soubresauts de la conscience en des sens opposés, suivant l'heure, suivant la pluie et presque toujours d'après le succès, qu'est-ce que cela, sinon la négation de la conscience? Combien faut-il de temps pour que le mal devienne le bien, et l'injuste le juste? un mois? un jour? une heure? Ce spectacle nous a été donné; frêle base, si je ne me trompe, pour les libertés futures. L'Europe entière a été prise en flagrant délit de reniement, dix fois dans la même semaine, comme s'il n'y avait plus aucune règle morale établie entre les hommes. Je constate ici cette même éclipse de la conscience humaine que j'ai remarquée dans toutes les grandes chutes de la liberté publique.

L'impossibilité où le monde a été de discerner le droit, de s'y fixer un instant, de s'en éclairer, a donné la démonstration palpable du vide qui s'est accompli dans l'âme humaine. Interrogée, elle n'a répondu que par la force et la fatalité. Aucune lumière n'a jailli des esprits. On les a vus se plier à tout, c'est-à-dire s'évanouir. Le fusil à aiguille a seul rempli la scène. Il a seul parlé, pensé, jugé, philosophé, persuadé, converti. Mais, dans cette nuit de l'esprit, une chose doit réjouir les gens de bien. Ils ont pu voir que l'abaissement de la conscience a entraîné l'abaissement de l'intelligence. Plus l'instinct du droit a diminué, plus aussi s'est perdu l'esprit pratique. Aucune époque n'a eu moins de droiture, et aucune n'a été plus aisément dupe. Il n'est donc pas vrai que l'habileté croît en raison inverse de la conscience! Cette seule vérité ne pouvait être payée trop cher.

Il a bien fallu couvrir ce risible désarroi de l'esprit humain démoralisé, et l'on s'est naturellement hâté de donner les plus beaux noms aux victorieux.

Après Sadowa, M. de Bismark s'est appelé 89.

Le roi de Prusse s'est appelé la Révolution française. Car une chose caractérise notre temps : la peur qu'on y a des révolutions fait accepter toutes les défaites du droit, et, comme on a besoin de les masquer, on en fait hommage à la Révolution que l'on déteste. Le droit fait peur s'il se montre sous la forme du droit; on ne l'accepte que s'il est corrigé par une visible iniquité. Qu'est-ce, en effet, que le sophisme par lequel on compare les annexions prussiennes au 89 français? Où est, je vous le demande, la ressemblance? Notre 89 a-t-il donc contraint par les armes la Normandie, la Provence, la Bourgogne, d'entrer dans l'alliance de la France? N'est-ce pas par un vote unanime, solennel, pacifique de la Constituante, que tout s'est accompli chez nous? Les provinces françaises, déjà unies, se sont librement confondues en une seule loi. Et c'est là ce que vous assimilez aux annexions sanglantes de la Prusse! et vous appelez ces deux choses opposées d'un même nom : le droit nouveau de 89! Est-ce donc l'Allemagne qui a demandé formellement d'être battue? Besoin étrange de tout brouiller, jusqu'à ce que les peuples, aveuglés, hébétés, ne sachent plus où se prendre et se donnent, eux aussi, à la fatalité.

Mauvaise conscience, mauvaise histoire. Sauvons donc au moins le passé. Non, ce n'est pas en 89 qu'il faut chercher des analogies avec la composition actuelle de l'Allemagne : c'est dans l'ancien régime. C'est lui qui réunissait par la force des armes les provinces et les membres hostiles. Ainsi se sont formées les grandes monarchies du quinzième et du seizième siècle, par la conquête, par des ventes de peuples, par des trafics de princes, dans lesquels la volonté publique n'était comptée pour rien. Au lieu d'appeler cela le droit nouveau, il faut donc l'appeler le droit de l'ancien régime, celui dont le monde ne veut plus depuis trois siècles; et c'est parce que la Prusse rejette le monde en arrière de trois siècles, que sa victoire, parée de la plus belle philosophie de l'histoire, a tant de peine à s'autoriser et à se couvrir de l'exemple et du nom de la Révolution française.

Laissons là ces fausses ressemblances. Une monarchie qui conquiert des peuples par la force ouverte, c'est le droit de la vieille Europe : voilà la vérité.

Mais le droit nouveau, dites-vous, naîtra de cette confusion. Il est caché sous ce masque. A la bonne heure! J'aimerais mieux pourtant qu'il parût une seule fois à visage découvert.

Dans une victoire telle que celle de la Prusse, a-t-on bien calculé tout ce que perdent moralement les peuples qui se laissent faire violence? Ils se convertissent sincèrement à la victoire. Je le veux bien. Mais cette conversion forcée les corrompt. Ils se rendent ingénument au succès comme à la Providence. D'accord. Mais ils y perdent la meilleure partie d'eux-mêmes : conscience du droit, fierté, dignité, caractère, c'est-à-dire la seule chose qui fait les peuples libres. Je les vois entrer tous ou presque tous en Europe, par la porte basse. Elle est assurément la plus commode. Mais qu'ils ont de peine après cela à relever la tête !

Les penseurs allemands, qui savent tant de choses, ignorent encore celle-ci, qui ne le cède en importance à aucune autre. Ils croient que les peuples, après s'être reniés du jour au lendemain, brisés, ployés, mutilés par la violence, peuvent se redresser et recouvrer en un moment ce qui leur a été arraché : le sentiment de la justice, celui de leur bon droit.

Non. Un ressort se brise dans cet attentat contre la conscience publique, et ce ressort ne se redresse pas. Les peuples apprennent à douter d'eux-mêmes, à n'écouter que l'oracle du plus fort. C'est ainsi que l'Europe peut achever de perdre tout caractère.

Nous avions pour l'Allemagne plus d'ambition qu'elle-même. Nous aurions voulu qu'elle entrât dans le monde du dix-neuvième siècle, par une autre porte que par la porte surbaissée du quinzième. Nous aurions voulu que son unité se fît, non comme au temps de Louis XI et de Richelieu, par la contrainte, mais comme il convient à une époque qui se dit affranchie par le concours de la volonté de tous. Là eût été un gage certain d'avenir et d'innovation.

Mais des peuples forcés d'acclamer le vainqueur et de lui payer tribut, des peuples qui saluent le soir ce qu'ils ont maudit le matin, il n'y a rien de plus vieux dans le monde. Nous avons beau forger pour cela un nom barbare et impossible, Démocratie autoritaire : comme si une autorité quelconque mise à la place de la loi n'était pas la négation et l'extirpation même de la démocratie, telle que les hommes l'ont toujours entendue !

Le mot barbare ne rajeunit pas la chose. Il y a trois ou quatre mille ans qu'elle s'appelle servitude volontaire, et ce nom lui restera. Est-ce bien là le chemin par où l'on va à la liberté? Personne n'est encore arrivé au but par cette voie. Les Allemands étaient dignes d'en prendre une meilleure.

Ainsi l'expérience d'aucun peuple ne sert à un autre peuple. Ils reprennent l'un après l'autre la même route. Ils se jettent dans le même moule. Ce que l'Espagne a fait au seizième siècle, la France au dix-septième, l'Allemagne le refait au dix-neuvième siècle. L'idée de former une seule masse compacte les emporte tous. Ils n'examinent pas si ces masses deviennent, oui ou non, impénétrables à la justice, à la liberté. Ils espèrent devenir les plus forts, et cela suffit. Toute autre considération s'évanouit, parce qu'il s'est établi que le droit en lui-même ne protége plus personne. Ce que nous avons entendu tant de fois dans le passé, on le répète aujourd'hui à la Prusse : Soyez forte. Faites toutes vos fantaisies. Écrasez tout, sans marchander. Nous y mettons seulement pour condition que vous deviendrez, le lendemain, le plus doux, le plus modeste, le plus humble des États. Et, en vérité, rien ne sera plus facile, quand vous n'aurez plus rien à convoiter.

Pour moi, j'ai vu tant de fois la démocratie européenne et la liberté dupes de ce beau marché, que je ne puis m'empêcher de craindre qu'elles ne le soient encore en cette occasion. Si chaque fois qu'un peuple nouveau entre en scène il tient à honneur de recommencer le passé, dans ses plus mauvais jours, attendez-vous à un laborieux avenir. Dans l'ambition de former une grande unité nationale, il y a deux choses : premièrement, le désir d'être assez fort pour être respecté, et cela est légitime; deuxièmement, le plaisir de commander aux autres, et il est juste que ce plaisir de vanité soit acheté par un peu de servitude.

Je n'ai rien dit des petits États; on les suppose déjà

engloutis et disparus. Un mot pourtant sur ce qui les touche.

Supposons l'existence de deux ou trois empires assyriens en Europe; les petits États, qui seraient conservés par hasard, ne pourraient continuer de vivre qu'à la condition de se faire oublier. Ils devraient aspirer à être le moins possible. La première garantie pour eux serait de rester indifférents à tous les grands intérêts de droit et de justice qui se disputeraient le monde. La pensée ne devrait jamais s'y prendre à ce qui se passe au delà de leur horizon. Le cœur et l'esprit devraient s'y resserrer autant que les frontières, et la principale vertu des hommes serait partout de devenir étrangers à l'humanité.

Voilà ce qu'il m'est donné d'entrevoir dans les conséquences des choses qui viennent de se passer. Puisse l'avenir prochain me démentir dans tout ce qui n'est pas un pressentiment heureux pour la justice et pour la liberté de la France et du monde !

PARIS. — IMPRIMERIE L. POUPART-DAVYL, RUE DU BAC, 30.

www.ingramcontent.com/pod-product-compliance
Ingram Content Group UK Ltd.
Pitfield, Milton Keynes, MK11 3LW, UK
UKHW032026260826
14628UKWH00006B/2753

9 782019 678463